Einsterns Schwester 2

Arbeitsheft 1
Sprache untersuchen

Herausgegeben
und erarbeitet von
Roland Bauer
Jutta Maurach

Cornelsen

Inhaltsverzeichnis

So kannst du mit den Heften arbeiten

Ich bin Lola und ich helfe dir.

Du machst alle
Seiten der Lernportion **1**.

Zuerst im grünen Heft.	Dann im roten Heft.	Dann im gelben Heft.	Und dann im blauen Heft.
		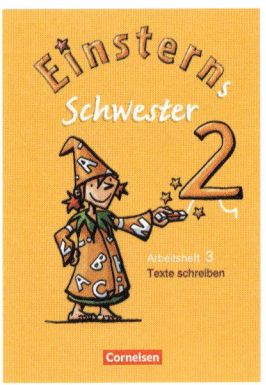	

Danach machst du in
allen Heften die Lernportion **2**.

Nun machst du in
allen Heften die Lernportion **3**.

Genauso bearbeitest du
alle anderen Lernportionen.

Vornamen ordnen

1 Trage die Namen der Kinder in die Tabelle ein.
Unterstreiche die großen Anfangsbuchstaben.

Mädchennamen	Jungennamen
Lisa	

Wörter für Menschen sind **Nomen**.
Nomen werden großgeschrieben:
Mama, Tante, Opa.

1 Trenne die Wortschlange. Trage die Nomen für Verwandte unten ein.
Unterstreiche die großen Anfangsbuchstaben.

MamaPapaSchwesterBruderTanteOnkelOmaOpa

Opa Oma

Onkel Tante Mama Papa

Bruder ich Schwester

Mama

1 Ordne jedem Bild das passende Nomen zu.
Unterstreiche die großen Anfangsbuchstaben.

Busfahrer	Verkäuferin	Frisör	Lehrer

Bäcker	Ärztin	Koch	Bauer

Busfahrer

Heft 1, Seite 7

Berufe

Gärtner, Pilotin, …

Wörter für Tiere sind **Nomen**.
Nomen werden großgeschrieben:
Ameise, Fisch, Gans.

1 Trenne die Wortschlange. Trage die Nomen für Tiere ein.
Unterstreiche die großen Anfangsbuchstaben.

AmeiseKatzeKuhSchlangeFischGans

Ameise

2 Setze die passenden Tiernamen von oben ein.
Unterstreiche die großen Anfangsbuchstaben.

Imo frisst alles.

Die ___Katze___ jagt Mäuse.

Der _____ schwimmt im Wasser.

Die _____ frisst Gras auf der Wiese.

Die _____ hat einen langen, weißen Hals.

1 Nomen für Tiere schreiben

1 Finde die passenden Silben. Schreibe die Wörter zum Bild.
Unterstreiche die großen Anfangsbuchstaben.

| Bie- | Vo- | Af- | | Zeb- | Ha- | Lö- |
| fe | ne | gel | | se | we | ra |

Biene _____

_____ _____

_____ _____

2 Setze die passenden Tiernamen von oben ein.
Unterstreiche die großen Anfangsbuchstaben.

Das _Zebra_____ hat schwarze und weiße Streifen.

Der _____ hat lange Ohren.

Die _____ hat einen Stachel.

Der _____ hat einen Schnabel.

Der _____ hat eine Mähne.

Der _____ hat braunes Fell.

Hase

Nomen für Pflanzen kennen lernen

Wörter für Pflanzen sind **Nomen**.
Nomen werden großgeschrieben:
Rose, Tulpe, Apfelbaum.

1 Verbinde Nomen und Bilder.

| Gänseblümchen | Rose | Kastanienbaum | Tulpe |

| Apfelbaum | Birnbaum | Löwenzahn | Tannenbaum |

2 Ordne die Nomen für Pflanzen aus Aufgabe **1**.
Unterstreiche die großen Anfangsbuchstaben.

Blumen	Bäume
Gänseblümchen	

1 Nomen für Pflanzen zusammensetzen

1 Verbinde Silben und Bild. Schreibe die Nomen für Pflanzen.
Unterstreiche die großen Anfangsbuchstaben.

Kir	sich
Pfir	fel
Ap	sche

Kirsche

Gur	lat
Spi	ke
Sa	nat

Kar	ma	te
Pa	pri	fel
To	tof	ka

Ich esse am liebsten Ampelessen: einen roten Apfel, eine gelbe Paprika und eine grüne Gurke.

1 Nomen für Dinge kennen lernen

Wörter für Dinge sind **Nomen**.
Nomen werden großgeschrieben:
Nudeln, Butter, Käse.

Tafel. Kreide. Schwamm. Das sind auch alles Nomen.

1 Ordne jedem Bild das passende Nomen zu.
Unterstreiche die großen Anfangsbuchstaben.

Milch	Wurst	Saft	Brot	Käse

Kuchen	Butter	Nudeln	Torte

Milch

1 Nomen für Dinge finden

1 Unterstreiche in jedem Rahmen die beiden Nomen für Dinge.
Schreibe sie daneben auf.

Dinge im Kinderzimmer

| M B P U P P E A F L I N R A U T O E | *Puppe* | |

| F B A L L I N P A S N M U R M E L B | | |

Dinge im Schulranzen

| R N H E F T A E T O R D N E R E O | | |

| N F T S T I F T F A R A D I E R E R | | |

Dinge im Kleiderschrank

| S K L E I D F T N A M M A N T E L O | | |

| A H O S E D F G I K S O C K E N O | | |

Dinge in der Wohnung

1   Ordne die Nomen passend zu.

Oma   Katze   Tulpe   Sofa

Apfel   Lehrer   Schlüssel

Menschen	Tiere	Pflanzen	Dinge

Maus

Kind

Telefon

Zahnarzt

Ameise

Banane

Auto

1 Passende Nomen ergänzen

1 Ordne die Nomen den passenden Spalten zu.

| Freund | Frosch | Wiese | Malerin |

| Bürste | Getreide | Fenster | Hase |

Menschen

Freund

Tiere

Pflanzen

Dinge

2 Finde für jede Spalte zwei weitere Nomen.

1 Nomen erkennen

1 Finde in jeder Zeile zwei Nomen und unterstreiche sie.

<u>GÄRTNER</u>	SCHNEIDEN	BRUDER	SPIELEN
SUCHEN	SCHERE	HANDSCHUHE	REGNEN
GRAS	KAUFEN	STECHEN	TOMATEN
WURM	FÜTTERN	VOGEL	LACHEN

2 Setze die Nomen aus Aufgabe **1** ein.

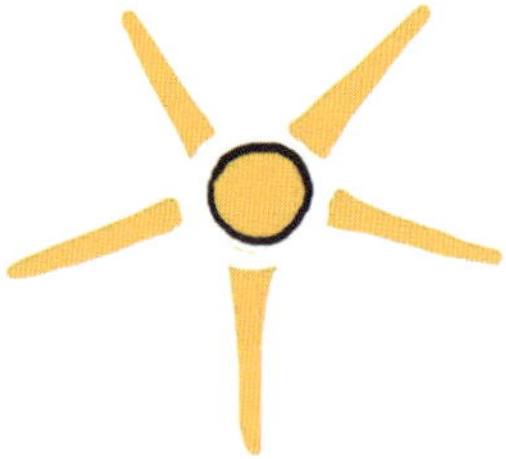

Mein <u>Bruder</u> ist _____ .

Heute schneidet er mit der _____ die Hecke.

Dabei trägt er dicke _____ .

Morgen erntet er _____

und mäht das _____ .

Ein _____ sucht auf der

frisch gemähten Wiese einen _____ .

Magst du schleimige Würmer?

16   Lernportion 1: Nomen

2 Bestimmte Artikel kennen lernen

Nomen haben **bestimmte Artikel**:
der Traktor, **die** Kutsche, **das** Schiff.

1 Schreibe unter jedes Bild das passende Nomen mit Artikel.
Unterstreiche den Artikel.

| der Traktor | die Bahn | der Bagger | das Flugzeug |

| das Schiff | das Auto | die Kutsche |

der Traktor

1 Ordne die Nomen nach ihrem Artikel.

| Elefant | Katze | Pferd | Rüssel | Milch | Tatze |

| Zahn | Ohr | Hummel | Fell | Schwanz | Bein |

der	die	das
der Elefant	die Katze	das Pferd

2 Verbinde passend. Unterstreiche in jedem Satz den Artikel.

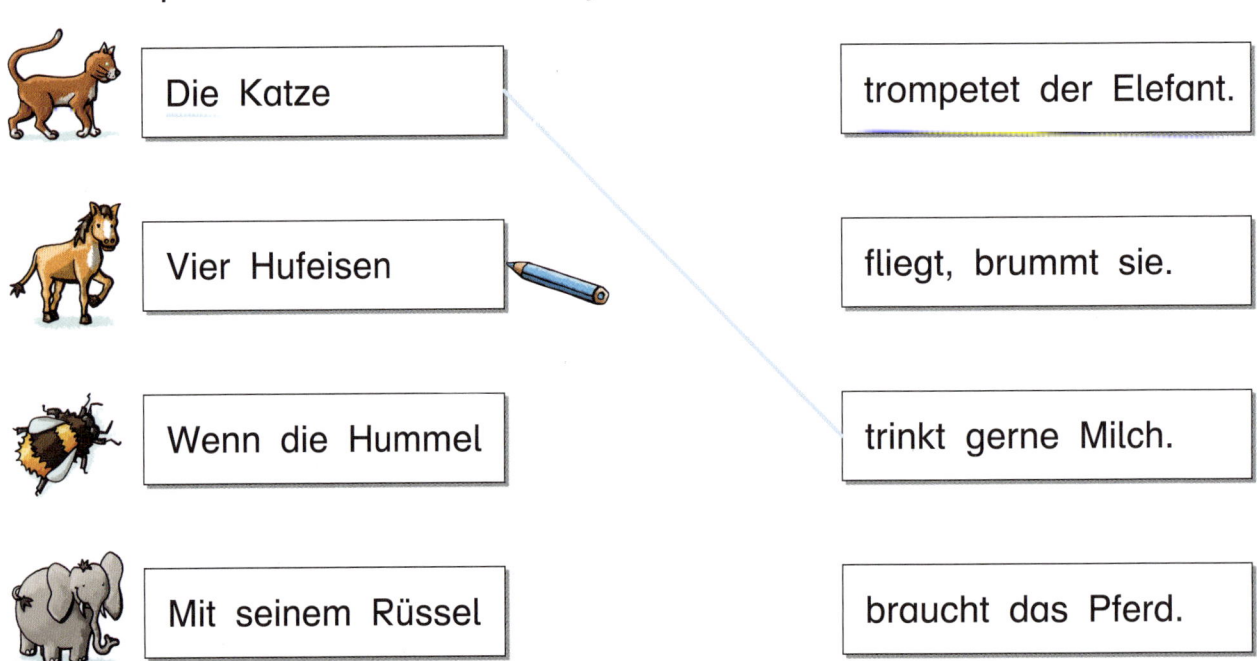

Die Katze		trompetet der Elefant.
Vier Hufeisen		fliegt, brummt sie.
Wenn die Hummel		trinkt gerne Milch.
Mit seinem Rüssel		braucht das Pferd.

2 Unbestimmte Artikel kennen lernen

Nomen haben auch **unbestimmte Artikel**:
ein Messer, **eine** Gabel.

1 Unterstreiche die Nomen in der passenden Farbe.

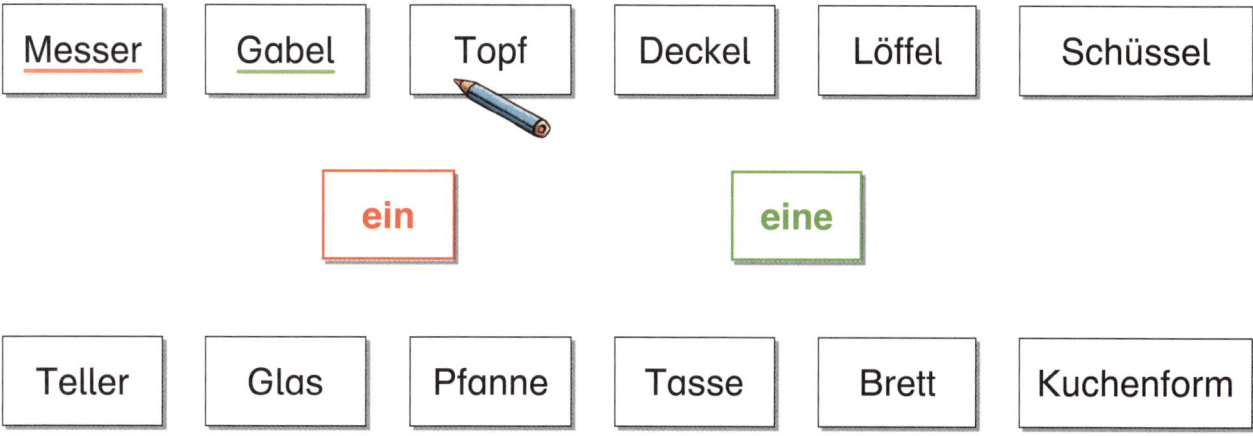

| Messer | Gabel | Topf | Deckel | Löffel | Schüssel |

ein   **eine**

| Teller | Glas | Pfanne | Tasse | Brett | Kuchenform |

2 Welche Dinge aus **1** sind in der Spülmaschine?
Schreibe die Wörter mit dem unbestimmten Artikel.

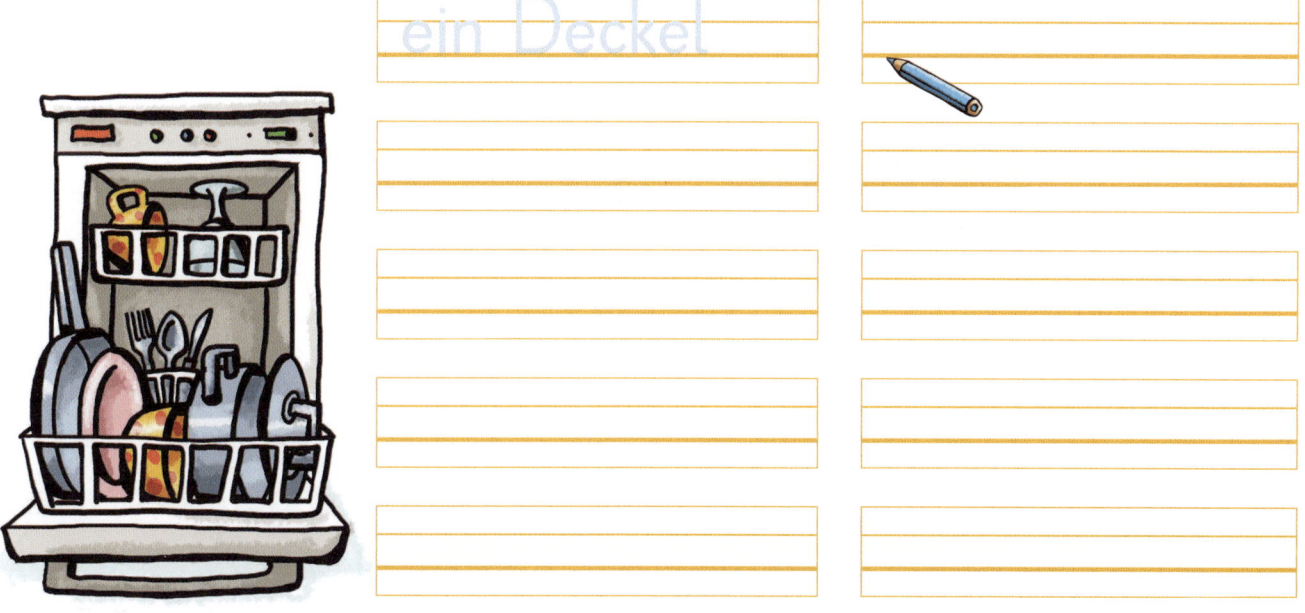

ein Deckel

2. Artikel eintragen

1 Der, die oder das? Trage die bestimmten Artikel ein.

Um 7 Uhr läutet __der__ Wecker. Lea steht auf.

Sie geht in _____ Badezimmer, dann in _____ Küche.

Mutter hat _____ Frühstück schon vorbereitet.

Lea holt noch _____ Marmelade.

Nach dem Frühstück fällt ihr ein,

dass _____ Schulranzen noch nicht gepackt ist.

Jetzt aber schnell! Bald fängt _____ Schule an.

Ob Lea daran denkt, _____ Turnzeug mitzunehmen?

2 All dies ist in Leas Schultasche.
Schreibe die Nomen mit dem unbestimmten Artikel.

das Heft

ein Heft

die Trinkflasche

der Stift

das Buch

das Pausenbrot

ein Stift

der Ordner

der Farbkasten

3 Mehrzahlwörter mit -e

Nomen gibt es in der **Einzahl** und in der **Mehrzahl**.
Der Artikel von Mehrzahlwörtern ist **die**:
der Arm – die Arme, das Bein – die Beine.

1 Verbinde Einzahl und Mehrzahl.

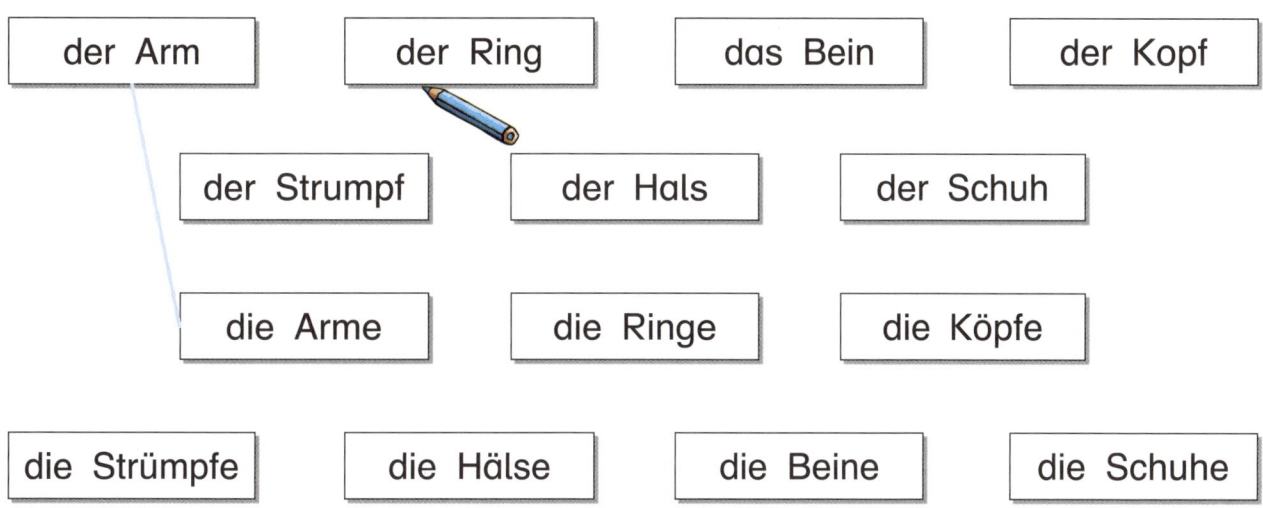

| der Arm | der Ring | das Bein | der Kopf |

| der Strumpf | der Hals | der Schuh |

| die Arme | die Ringe | die Köpfe |

| die Strümpfe | die Hälse | die Beine | die Schuhe |

2 Zähle genau. Trage die Zahl und das Mehrzahlwort ein.
Anna und Sara sind Zwillinge. Zusammen haben sie:

2 Hälse

3. Mehrzahlwörter mit -n

1 Unterstreiche alle Mehrzahlwörter.
Kreuze das passende Bild an.

Zwei <u>Jungen</u> laufen an einem Frühlingstag durch die Gegend.

Beide tragen karierte Hosen, Brillen, Mützen und Jacken.

Am Wegrand beobachten sie kleine Schnecken zwischen den Blumen.

Die Fliegen fliegen, die Wolken spiegeln sich im Wasser

und die Enten schauen die Jungen neugierig an.

2 Ergänze die Einzahlwörter.

viele	eine	viele	eine
Blumen	Blume	Mützen	
Enten		Jacken	
Fliegen		Brillen	
Hosen		Wolken	

3 Mehrzahlwörter mit -er

1 Trage das Nomen in der Mehrzahl ein.
Verbinde jedes Bild mit dem passenden Satz.

Lea hat ein schönes Bild gemalt.
Lea hat viele schöne _Bilder_ gemalt.

Mama hat ein neues Kleid gekauft.
Mama hat zwei neue _____ gekauft.

Tim hat ein Buch ausgeliehen.
Tim hat drei _____ ausgeliehen.

Papa hat ein Spiegelei gebraten.
Papa hat vier _____ gebraten.

2 Ordne die Nomen für Dinge aus **1**.

Einzahl	Mehrzahl
das Bild	die Bilder

1 Verbinde Einzahl und Mehrzahl.

das Kissen	die Teller
der Teller	die Kissen
der Beutel	die Dackel
das Fenster	die Ferkel
der Dackel	die Beutel
das Ferkel	die Fenster

Beide sind gleich.

2 Schreibe unter jedes Bild das Mehrzahlwort.

die Esel

1 Ergänze die Tabelle.

Einzahl	Mehrzahl
das Kind	die Kinder
das Haar	
das Gesicht	
das Ohr	
	die Nasen
die Lippe	
	die Hälse
die Schulter	
	die Bäuche

3 Unterschiedliche Mehrzahlwörter

1 Male alle Kärtchen mit Nomen in der Mehrzahl aus.

die Blätter	die Eule	die Wolken	der Freund

das Kind	die Straßen	die Schere

die Telefone	der Fisch	die Puppe	die Pflanzen

das Wort	die Vögel	die Tassen

2 Schreibe die Einzahlwörter aus **1**
mit dem passenden Mehrzahlwort.

der Zauberstab
die Zauberstäbe

die Eule – die Eulen

Heft 1, Seite 26
das Blatt – die Blätter
die Wolke – die …
…

4 Verben kennen lernen

> **Verben** sagen, was Menschen, Tiere, Pflanzen und Dinge tun:
> essen, schlafen, trinken, wachsen.

1 Schreibe unter jedes Bild das passende Verb.

sitzen	schlafen	trinken	schneiden

essen	malen	lesen	rechnen

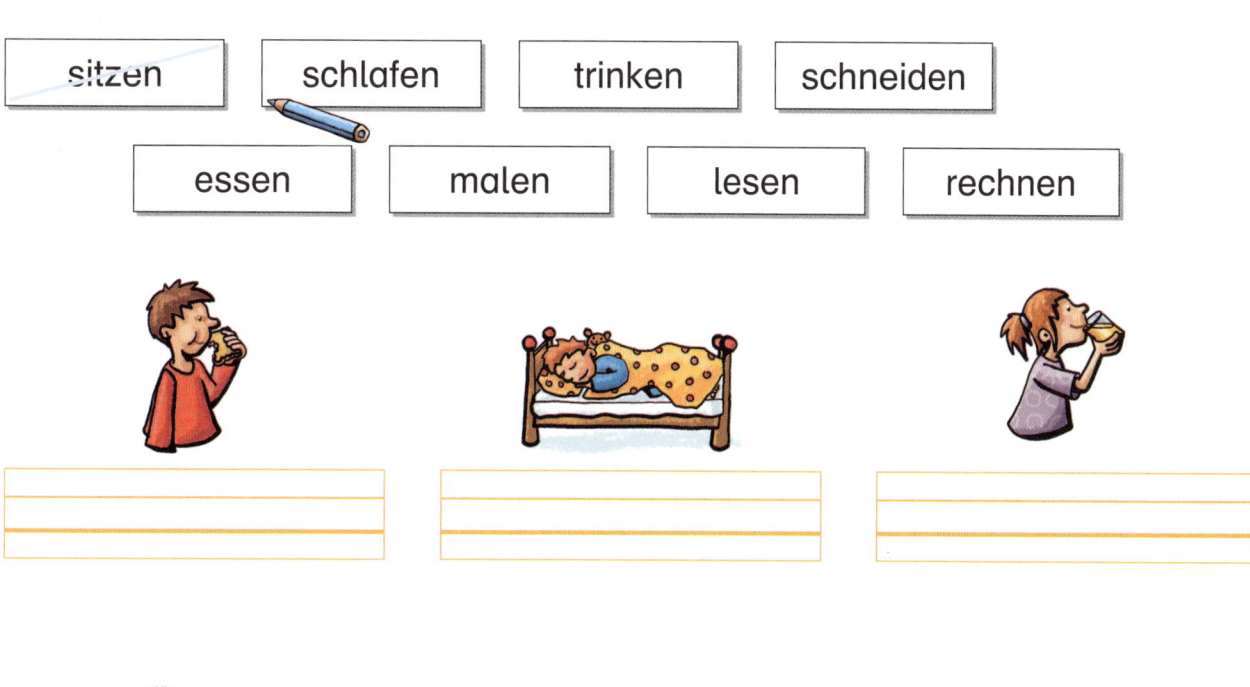

    sitzen   

essen

4 Passende Verben auswählen

1 Streiche das falsche Verb durch.
Schreibe den Satz auf.

Am Morgen | ~~schläft~~ | erwacht | Tim.

Am Morgen erwacht Tim.

Die Eltern | umarmen | beobachten | ihn.

Auf dem Tisch | sitzen | liegen | Geschenke.

Die Kerzen | brennen | rauchen | hell.

Auch in der Schule | feiern | turnen | die Kinder.

Nachmittags | gehen | kommen | Tims Freunde.

> Happy Birthday, lieber Ti – im, …

4 Verben zusammensetzen

1 Finde die passenden Silben.
Schreibe das Verb zum Bild.

krä-	bel-	schnat-
len	tern	hen

zwit-	piep-	qua-
ken	schern	sen

krähen

2 Verbinde sinnvoll.
Unterstreiche in jedem Satz das Verb.

Die Ente	piepst vor Angst.
Der Hund	schnattert auf der Wiese.
Die Maus	bellt den Briefträger an.
Der Vogel	quakt und quakt.
Der Hahn	zwitschert hoch im Baum.
Der Frosch	kräht Kikeriki.

Heft 1, Seite 29
Die Ente schnattert ...
Der Hund bellt ...
Die Maus ...

4 Verben sortieren

1 Ordne die Verben passend zu.

| duschen | fahren | bremsen | schwimmen |

| hupen | abtrocknen | klingeln | tauchen |

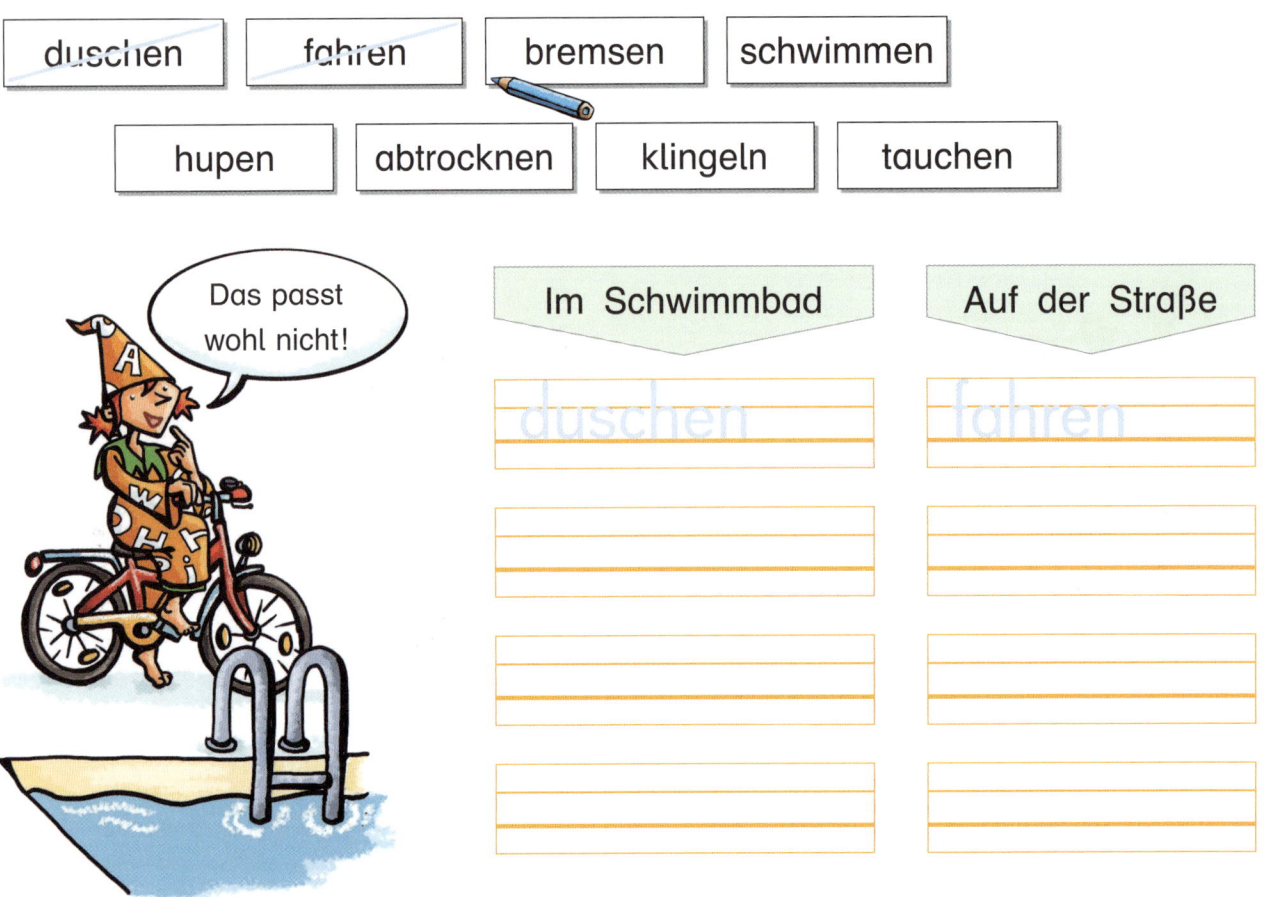

Das passt wohl nicht!

Im Schwimmbad

duschen

Auf der Straße

fahren

2 Trage passende Verben ein.

Auf dem Spielplatz

schaukeln

in der Küche

essen, trinken, abtrocknen

Verben erkennen

1 Unterstreiche in jedem Rahmen das Verb.

BESEN   KEHREN

WÄSCHE   BÜGELN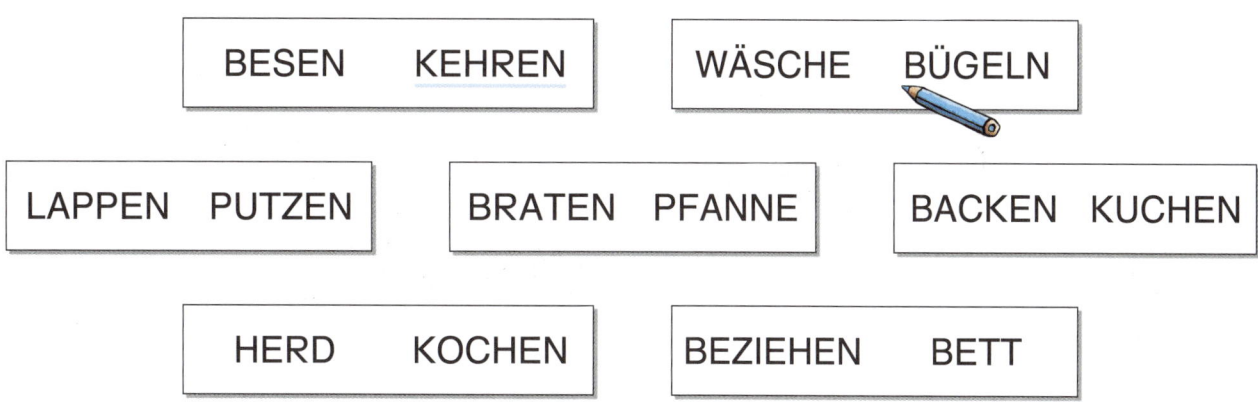

LAPPEN   PUTZEN

BRATEN   PFANNE

BACKEN   KUCHEN

HERD   KOCHEN

BEZIEHEN   BETT

2 Trage die Wörter aus Aufgabe **1** in die Tabelle ein.

Denke bei Nomen an den großen Anfangsbuchstaben.

Nomen	Verben
 Besen	kehren

streiten

1   Was machst du gern? Was nicht?
Schreibe passende Sätze auf.

spielen

Ich faulenze gern.

naschen

bauen

Das mache ich gern:

Ich

Ich

baden

kochen

Das mache ich nicht gern:

Ich

lesen

lalala

singen

malen

schreiben

telefonieren

rennen

4 Verben in der Er-Form und Sie-Form

1 Setze die Verben in der richtigen Form ein.

kochen	Tim _kocht_ Nudeln.
gießen	Er _____ das Wasser durch das Sieb.
füllen	Er _____ die Nudeln in eine Form.
braten	Er _____ die Pilze.
mischen	Er _____ die Nudeln und die Pilze.
reiben	Er _____ den Käse über die Nudeln.
schieben	Er _____ die Form in den Ofen.

verrühren	Lisa _____ Eier, Butter und Zucker.
sieben	Sie _____ das Mehl in die Schüssel.
kneten	Sie _____ den Teig.
rollen	Sie _____ den Teig aus.
schneiden	Sie _____ die Äpfel.
legen	Sie _____ die Äpfel auf den Teig.
backen	Sie _____ den Kuchen im Ofen.

1 Ergänze die Sprechblasen.

Wir tanzen auch gern.

Ich tanze gern.

Ich spiele Fußball.

Ich schwimme supergut.

Ich baue ein Baumhaus.

4 Unterschiedliche Verbformen ergänzen

1 Ergänze die Tabelle.

sag**en**	frag**en**	spiel**en**
ich sage	ich frage	ich
du sagst	du	du
er sagt	er	er
wir sagen	wir	wir
ihr sagt	ihr	ihr
sie sagen	sie	sie

2 Schreibe jedes Verb in der passenden Form.

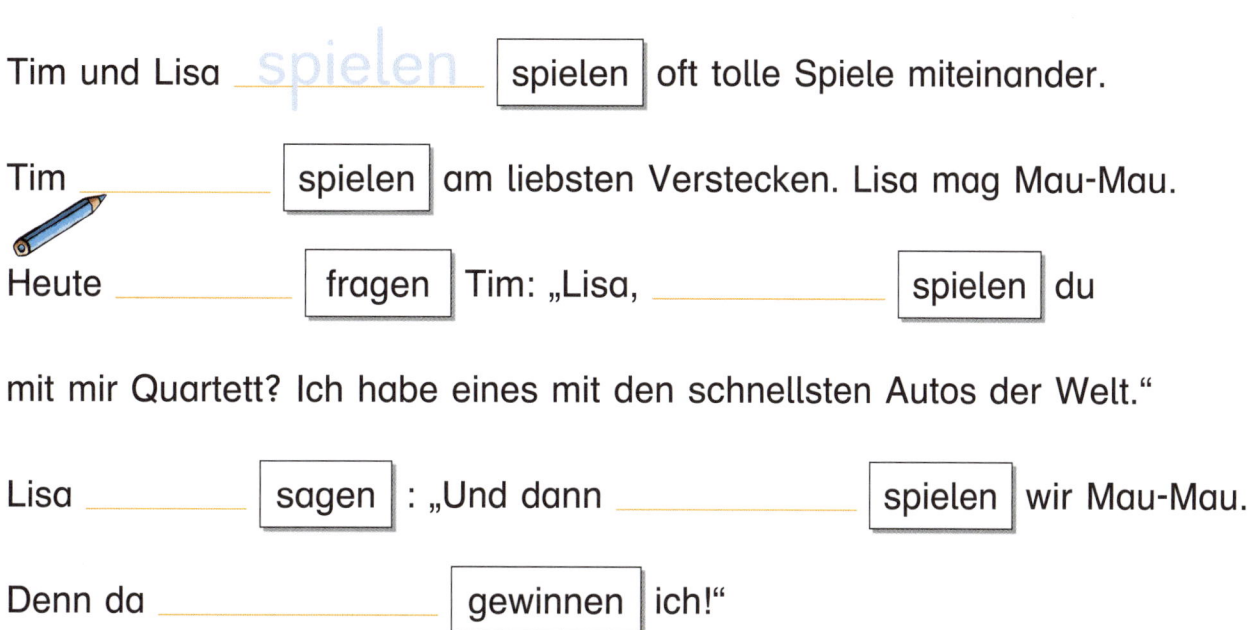

Tim und Lisa _spielen_ | spielen | oft tolle Spiele miteinander.

Tim _____ | spielen | am liebsten Verstecken. Lisa mag Mau-Mau.

Heute _____ | fragen | Tim: „Lisa, _____ | spielen | du

mit mir Quartett? Ich habe eines mit den schnellsten Autos der Welt."

Lisa _____ | sagen | : „Und dann _____ | spielen | wir Mau-Mau.

Denn da _____ | gewinnen | ich!"

4 Unterschiedliche Verbformen bilden

1 Würfle mit zwei Würfeln.
Bilde die passenden Verbformen.

⚀	ich	⚀	spielen
⚁	du	⚁	lesen
⚂	er, sie	⚂	bauen
⚃	wir	⚃	singen
⚄	ihr	⚄	malen
⚅	sie	⚅	hüpfen

Ich lese.

⚀ ⚁

er spielt

4 Unterschiedliche Verbformen einsetzen

1 Setze die passende Verbform ein.
Finde zu jedem Absatz das richtige Bild.

1 Lea ___sitzt___ | sitzen | am Beckenrand und

_____ | warten | auf ihre Freundin Anne.

2 Tim hat einen Ball. Er _____ | fragen | :

„Hallo, _____ | spielen | du mit mir?" Aber

Lea _____ | tauchen | lieber nach Ringen.

3 Anne _____ | sitzen | oben auf der

großen Tunnelrutsche und _____ | rufen | :

„Achtung, ich _____ | rutschen | jetzt!"

4 Als Anne wieder auftaucht, _____ | sagen | Lea:

„Toll, was du dich _____ | trauen | !

Anne, _____ | rutschen | wir zusammen?"

5 Anne _____ | geben | Lea die Hand.

Sie _____ | gehen | zur Rutsche.

5. Adjektive kennen lernen

Adjektive sagen, wie etwas ist:

nass, rund, lang.

1 Schreibe unter jedes Bild das passende Adjektiv.

nass	rund	lang	grün	kaputt

schief	schmutzig	scharf	gelb	dick

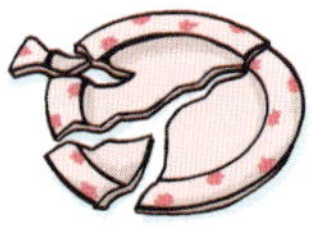

nass

Heft 1, Seite 38

Das Blatt ist grün.

Der Ball ist rund.

...

1 Verbinde Nomen und Adjektive passend zum Bild.
Schreibe Sätze mit den Wortpaaren.

Tasche	rot		Haare	blau
Pullover	braun		Augen	schwarz
Hose	grau		Knöpfe	lockig
Mantel	grün		Stiefel	rund

Die Tasche ist braun.

_____

_____

_____

Die Haare sind

_____

_____

_____

Er trägt eine blaue Hose, einen roten Pulli. Seine Haare sind blond.

Das ist Jan.

5. Gegensatzpaare finden

1 Verbinde mit dem passenden Gegensatzwort.

Zucker ist nicht sauer, sondern	nass.
Wasser ist nicht trocken, sondern	heiß.
Feuer ist nicht kalt, sondern	hell.
Federn sind nicht schwer, sondern	leicht.
Licht ist nicht dunkel, sondern	süß.

Lola ist nicht dumm, sondern schlau.

2 Verbinde die Gegensatzpaare.
Schreibe die Gegensatzwörter auf.

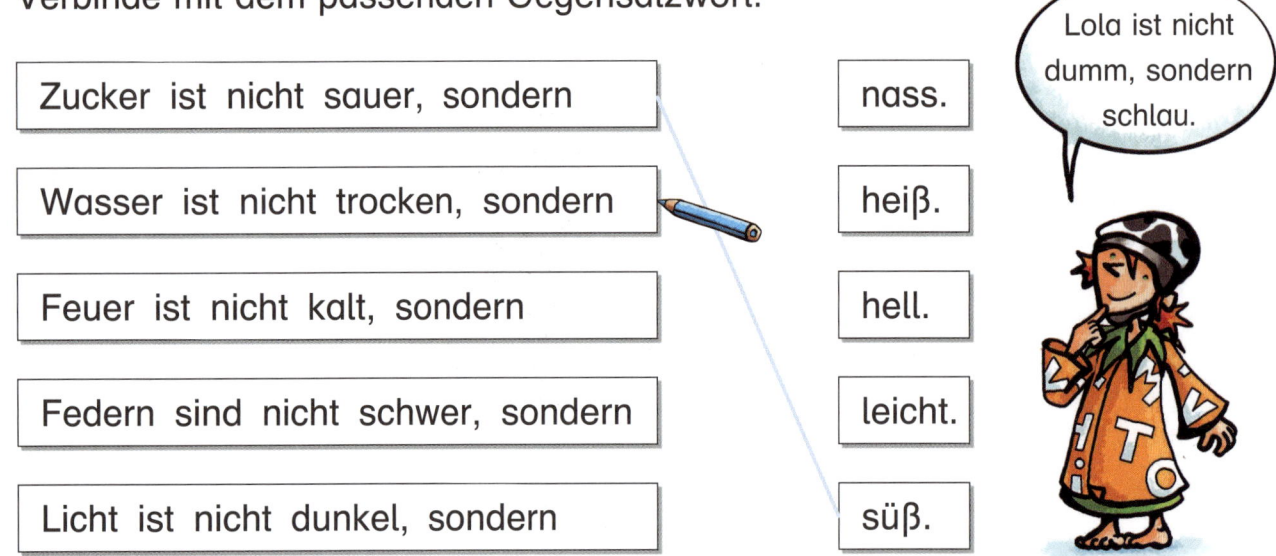

voll   süß   richtig   groß

gesund   stark   dick   viel

leer   schwach   falsch   klein

krank   sauer   dünn   wenig

voll – leer   gesund –

süß –   stark –

richtig –   dick –

groß –   viel –

5. Adjektive anpassen

1 Verbinde jedes Bild mit dem passenden Adjektiv.

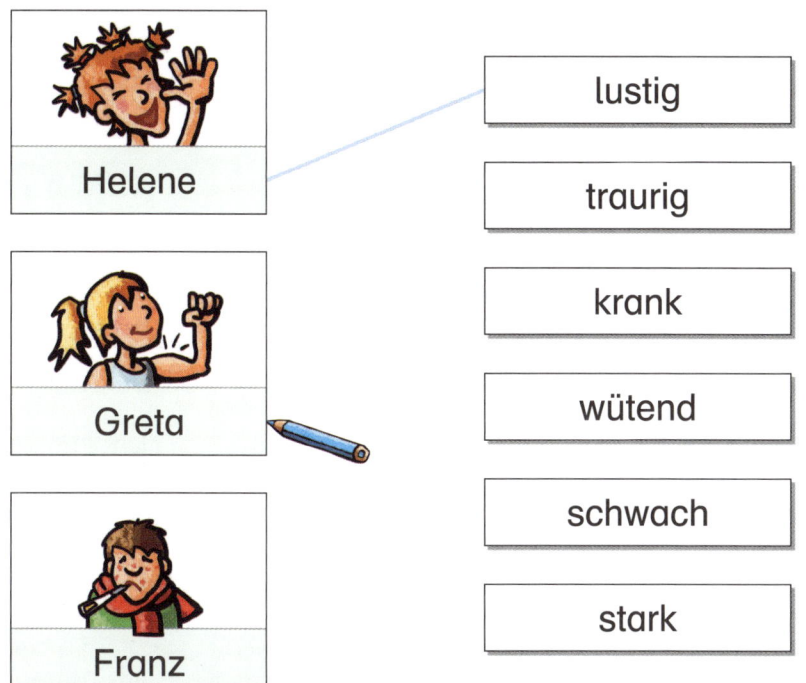

Helene	lustig
Greta	traurig
Franz	krank
	wütend
	schwach
	stark

Marie

Fritz

Eugen

2 Schreibe die Adjektive aus **1** vor die Nomen.

die lustige Helene

Ich bin die hübsche Lola!

1 Schreibe zu jeder Form vier passende Adjektive.

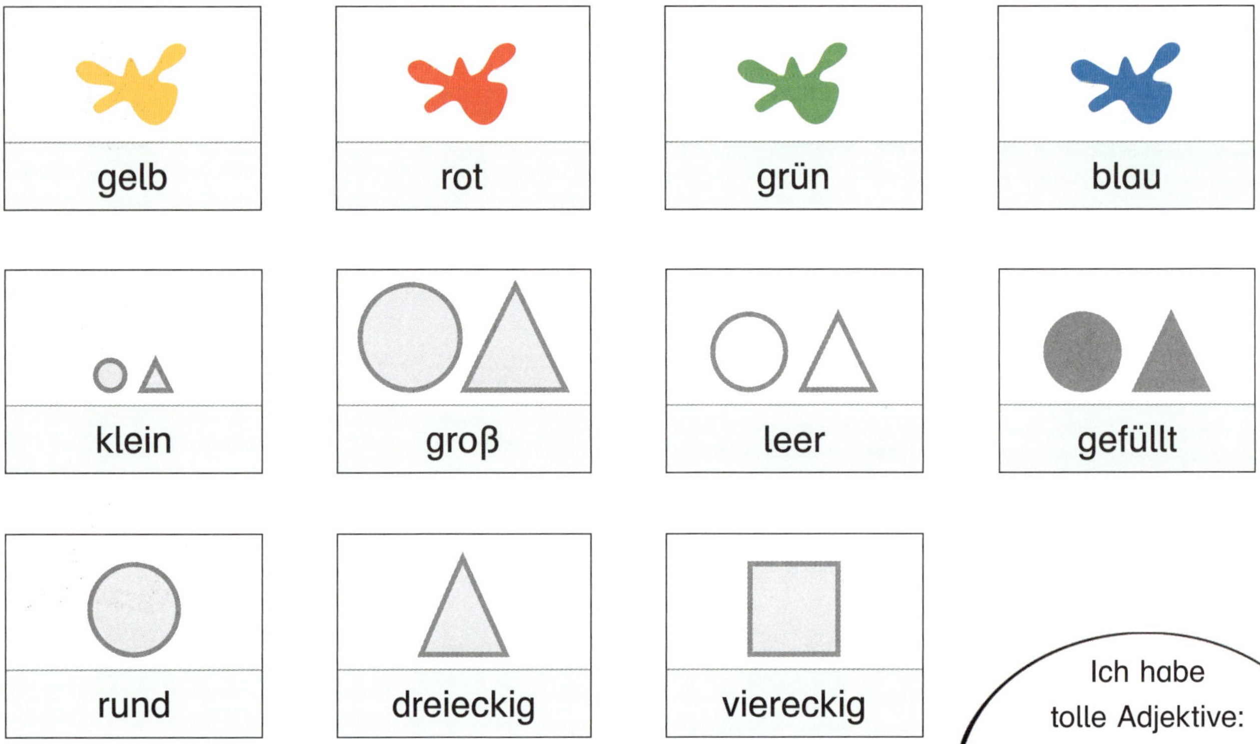

gelb	rot	grün	blau

klein	groß	leer	gefüllt

rund	dreieckig	viereckig

Ich habe tolle Adjektive: Mein Umhang ist orange, mein Hut ist spitz und mein Kragen ist grün.

○ blau, klein, leer, rund

5 Mit Adjektiven beschreiben

1 Unterstreiche die Adjektive. Löse die Rätsel.

Es ist lang,

es ist spitz,

man schreibt damit.

Es ist _____.

Es ist rund,

es ist hohl,

es kann hüpfen.

Es ist _____.

2 Schreibe selbst zwei Rätsel.

es ist

Es ist ein

Es ist

Es ist weiß, es ist flüssig, ich trinke es zum Frühstück.

Milch!

5. Adjektive erkennen

1 Schreibe zu jedem Bild einen Satz. Unterstreiche das Adjektiv.

| TIM | SITZEN | RIESIG | ZIRKUSZELT |

Tim sitzt im riesigen Zirkuszelt.

| CLOWN | MACHEN | LUSTIG | GESICHT |

| DIREKTOR | KNALLEN | LANG | PEITSCHE |

| ZAUBERER | HALTEN | SPITZ | HUT | HAND |

| SEILTÄNZERIN | TRAGEN | HÜBSCH | KOSTÜM |

6 Oberbegriffe kennen lernen

Für Nomen, die zusammengehören, gibt es einen **Oberbegriff**:
Spielzeug, Werkzeug.

1 Unterstreiche Spielzeuge und Werkzeuge in der passenden Farbe.

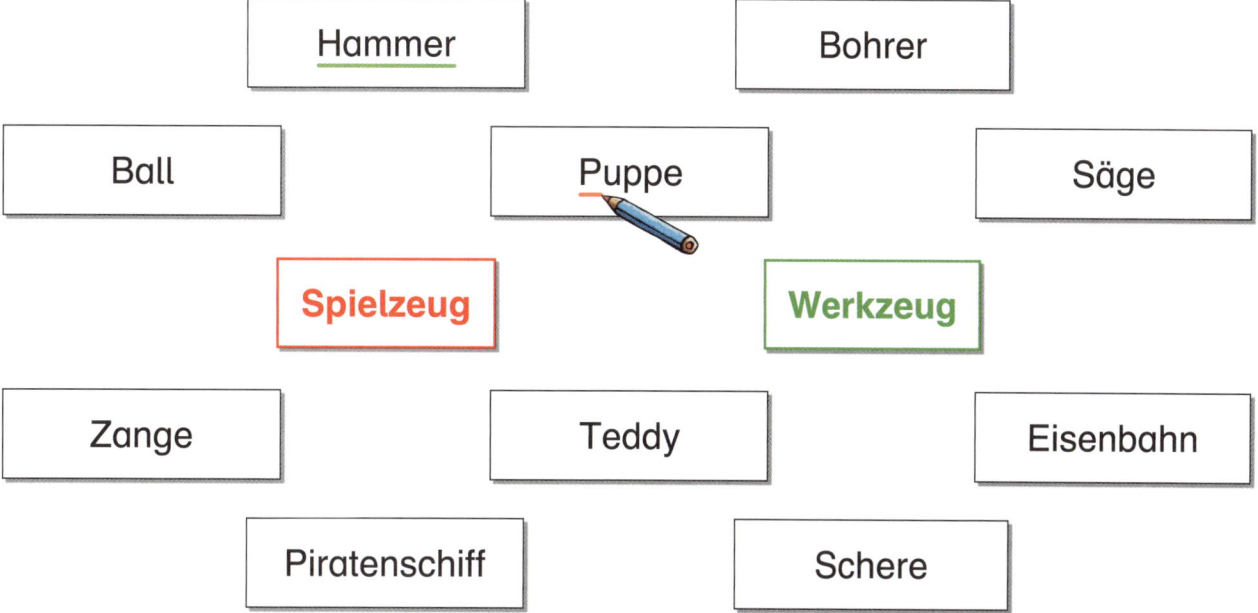

| Hammer | Bohrer |

| Ball | Puppe | Säge |

Spielzeug   **Werkzeug**

| Zange | Teddy | Eisenbahn |

| Piratenschiff | Schere |

2 Setze die Nomen für Werkzeuge ein.

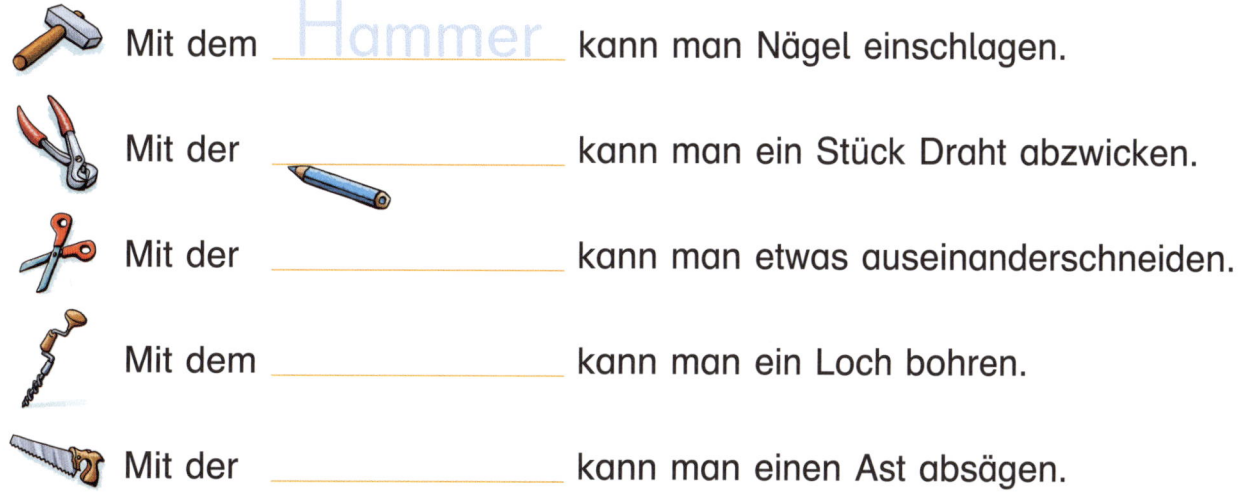

Mit dem _Hammer_ kann man Nägel einschlagen.

Mit der _____ kann man ein Stück Draht abzwicken.

Mit der _____ kann man etwas auseinanderschneiden.

Mit dem _____ kann man ein Loch bohren.

Mit der _____ kann man einen Ast absägen.

6. Nomen zu Oberbegriffen finden

1 Ein Nomen in jeder Zeile passt nicht. Streiche es durch.

Wurst | Salami | Wiener | ~~Quark~~ | Leberwurst

Backwaren | Brot | Pudding | Brezel | Kuchen

Milchprodukte | Jogurt | Käse | Salat | Quark

Nachtisch | Pudding | Eis | Spinat | Obstsalat

Zu Süßigkeiten gehören: Schokolade, Bonbons …

2 Schreibe passende Nomen.

Gemüse:

Obst:

Getränke:

6 Wortfelder kennen lernen

> Wörter mit einer ähnlichen Bedeutung bilden ein **Wortfeld:**
> sagen, flüstern, erzählen.

1 Unterstreiche die Verben in der passenden Farbe.

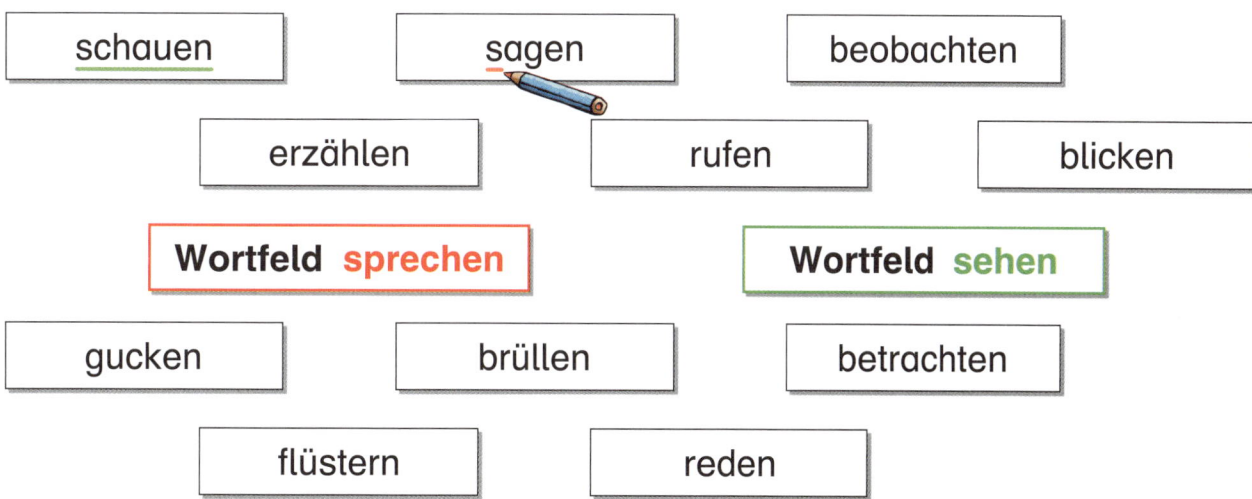

| schauen | sagen | beobachten |

| erzählen | rufen | blicken |

| **Wortfeld sprechen** | | **Wortfeld sehen** |

| gucken | brüllen | betrachten |

| flüstern | reden |

2 Unterstreiche die Verben des Wortfelds **sprechen** rot.
Unterstreiche die Verben des Wortfelds **sehen** grün.

Tim und Lisa entdecken auf dem Gehweg
einen großen schwarzen Käfer.
Sie betrachten ihn genau und beobachten,
wie er schnell in Richtung Straße krabbelt.
„Halt, pass auf!", ruft Lisa, als ein anderes Kind
sich nähert. „Wir müssen ihn retten", sagt Tim.
Er nimmt den Käfer vorsichtig auf die Hand und
trägt ihn auf die Wiese. Zu Hause erzählen
die beiden von ihrem Erlebnis. Die Mutter lobt:
„Das habt ihr gut gemacht."

6. Verben nach Wortfeldern sortieren

1 Ordne die Verben dem passenden Wortfeld zu.

| falten | speisen | schrubben | zeichnen |

| futtern | kehren | wischen | abstauben |

| schneiden | kleben | frühstücken | verzehren |

Wortfeld **essen**	Wortfeld **basteln**	Wortfeld **putzen**
	falten	

2 Setze Verben aus dem Wortfeld **basteln** ein.

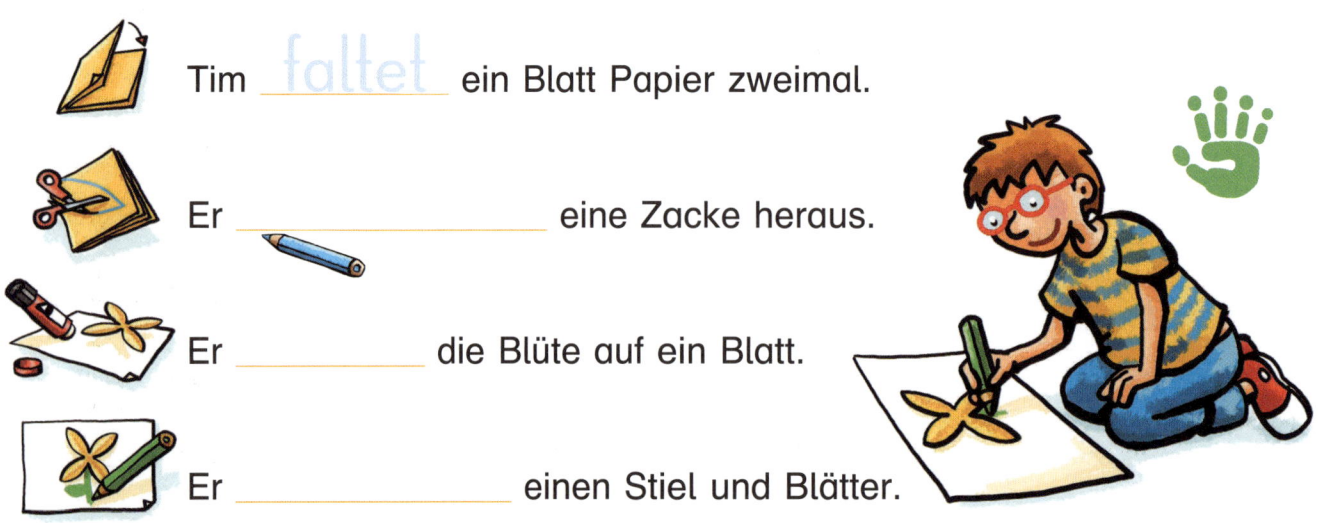

Tim __faltet__ ein Blatt Papier zweimal.

Er _____ eine Zacke heraus.

Er _____ die Blüte auf ein Blatt.

Er _____ einen Stiel und Blätter.

6. Verben eines Wortfeldes zuordnen

1 Ergänze passende Verben.

wandern, spazieren		springen, humpeln
Wortfeld gehen		
rennen, sausen		schleichen, huschen

durch die Landschaft **gehen:** _wandern, spazieren_

ungleichmäßig **gehen:** _____

schnell **gehen:** _____

leise **gehen:** _____

2 Setze in jedem Satz ein Verb aus ❶ ein. Verwende die passende Endung.

Zuerst _wandern_ wir durch Felder und Wiesen.

Uli verstaucht sich den Fuß. Er _____ aber tapfer weiter.

Am Waldrand entdecken wir eine Burg. Alle _____ los.

Plötzlich bleibt Tim stehen. Wie ein Indianer _____ er sich an.

In großen Sätzen hüpft eine Erdkröte davon.

6. Mit Wortfeldern und Oberbegriffen umgehen

1 Ein Verb in jeder Zeile passt nicht. Streiche es durch.

Wortfeld **essen**

| schmatzen | kauen | ~~schnarchen~~ | schlürfen |

Wortfeld **musizieren**

| flöten | träumen | trommeln | singen |

Wortfeld **malen**

| dösen | zeichnen | tuschen | anstreichen |

Wortfeld **streiten**

| zanken | kämpfen | raufen | schlummern |

2 Schreibe die durchgestrichenen Wörter aus **1** auf.
Finde das Wortfeld.

schnarchen,

Wortfeld

3 Finde passende Nomen.

Berufe:

Blumen:

Spielzeug:

Haustiere:

7 Zusammengesetzte Nomen kennen lernen

> **Zusammengesetzte Nomen** schreibt man nur
> am Wortanfang groß: Apfelkuchen, Nusskuchen.

1 Schreibe die zusammengesetzten Nomen.

Kuchen
- Teller — *Kuchenteller*
- Form
- Teig
- Gabel

> Erdbeervanillenusseis
> ist auch ein
> zusammengesetztes
> Nomen.

Apfel
Käse
Nuss
Mohn
→ Kuchen

Heft 1, Seite 51
Brot: Butterbrot,
Käsebrot, ...

Suppe: ...

Zusammengesetzte Nomen bilden

1 Verbinde passend. Schreibe die einzelnen Nomen
und die zusammengesetzten Nomen.

die Löwen, der Käfig – der Löwenkäfig

2 Verbinde passend.
Unterstreiche die zusammengesetzten Nomen.

Mein Vogel ist aus	auf die Stuhllehne.
Fast hätte er dabei	seinem Vogelkäfig entwischt.
Jetzt fliegt er	steht ein Hausschuh direkt unter ihm.
Zum Glück	die Blumenvase umgeworfen.

Zusammengesetzte Nomen trennen

1 Trenne die zusammengesetzten Nomen durch einen Strich.
Schreibe die einzelnen Nomen mit ihrem Artikel.

Regen|tropfen	der Regen, der Tropfen
Regenwasser	
Regenschirm	
Schneeflocke	
Schneeball	
Schneeanzug	
Windmühle	
Windrad	
Windjacke	

Federball

die Feder, der Ball

7. Vorsilben ver- und vor- ergänzen

Vorsilben verändern die Bedeutung von Wörtern:

schreiben, **ver**schreiben, **vor**schreiben.

1 Was passt? Setze die Vorsilben **ver-** und **vor-** ein.

sich nach einem Streit __ver__tragen

ein Gedicht __vor__tragen

jemanden in der Schlange _____lassen

das Haus _____lassen

sich im Wald _____laufen

zur Tafel _____laufen

die Stimme _____stellen

die Freundin _____stellen

sich im Heft _____schreiben

jemandem etwas _____schreiben

ein Gedicht _____sprechen

einem Freund etwas _____sprechen

Ich bin witzig und vorwitzig, laut und vorlaut, lieb und verliebt.

Heft 1, Seite 54

Verben mit ver-:

vertragen, …

Verben mit vor-:

vortragen, …

7 Verben mit Vorsilben einsetzen

1 Setze passende Verben mit **ein-** und **aus-** ein.

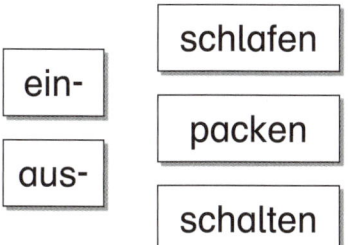

ein-	schlafen
aus-	packen
	schalten

Manchmal kann ich am Abend nicht _einschlafen_ .

Dann möchte ich am nächsten Morgen _____ .

Vor der Sendung werde ich den Fernseher _____ .

Nach der Sendung muss ich ihn _____ .

Vor der Abreise müssen wir unsere Sachen _____ .

Nach dem Urlaub werden wir sie wieder _____ .

2 Finde zu jeder Vorsilbe zwei passende Verben.

| fehlen | reißen | fahren |
| teilen | grüßen | holen |

be-	zer-	über-
befehlen		

1   Lies die Wortpyramide.

Wald

Waldhexen

Waldhexenbesen

Waldhexenbesenstiel

Ich bin die Superzauberkreidenschwester!

2   Schreibe selbst eine Wortpyramide auf und male dazu.

| Kräuter Hexen Nasen Warze |

| Monster Gift Schlangen Grube |

| Riesen Feuer Drachen Höhle |

8 Satzanfang und Satzende beachten

Der **Satzanfang** wird immer **großgeschrieben**.
Am **Satzende** steht ein **Satzzeichen:**

Die Ente schwimmt auf dem See. Kann sie fliegen? Aber ja!

1 Unterstreiche in jedem Satz den ersten Buchstaben.

Sofie hat im Garten einen Igel gesehen.

Sie wollte ihn anfassen.

Da rollte er sich zu einer Kugel zusammen.

Seine Stacheln waren ganz hart und spitz.

2 Hier fehlen die Satzzeichen.
Kennzeichne jedes Satzende mit einem Strich. Löse die Rätsel.

Wellensittich	Katze	Kaninchen	Hund

Mein Tier hat lange Ohren | Sein
Schwanz ist kurz | Es frisst gerne
Karotten | Welches Tier ist es |

Kaninchen

Mein Tier lebt in einem Käfig Es
hat zwei Flügel Sein Schnabel
ist spitz Welches Tier ist es

Mein Tier geht gerne spazieren
Sein Fell ist lang Es mag keine
Katzen Welches Tier ist es

Mein Tier sieht nachts gut Es jagt
gerne Mäuse Seine Tatzen haben
Krallen Welches Tier ist es

8. Aussagesätze kennen lernen

In einem **Aussagesatz** wird etwas erzählt oder erklärt.
Am Satzende steht ein **Punkt:**

Tim baut eine Sandburg.

1 Bilde Aussagesätze. Denke an den großen Buchstaben
am Satzanfang und den Punkt am Satzende.

| eine Sandburg | Tim | baut |

Tim baut eine Sandburg.

| ihm | seine kleine Schwester | hilft |

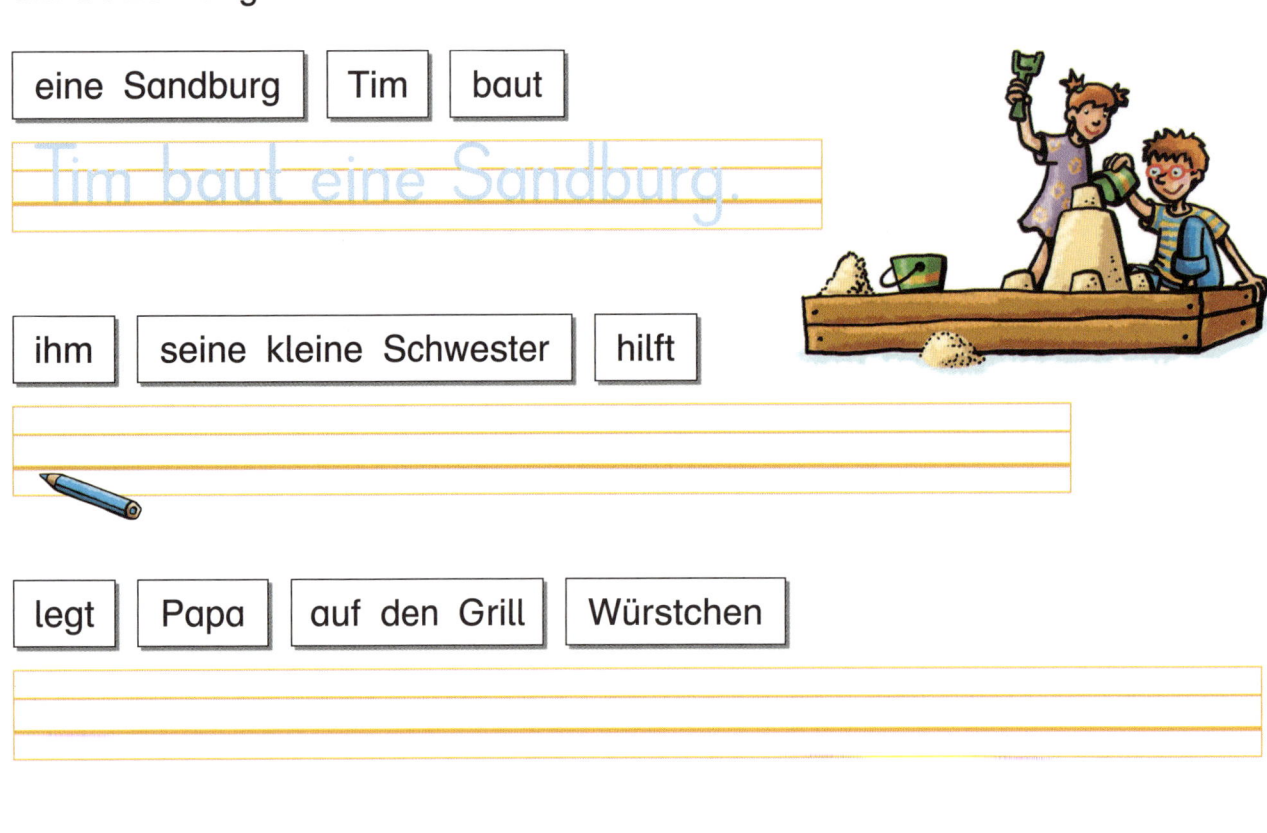

| legt | Papa | auf den Grill | Würstchen |

| Zeitung | liest | Mama |

| genießen | den Sommertag | alle |

8 Satztreppen schreiben

1 Unterstreiche in jeder Reihe, was neu dazugekommen ist.

Tim liest.

Tim liest abends.

Tim liest abends mit der Taschenlampe.

Tim liest abends mit der Taschenlampe unter der Bettdecke.

2 Schreibe Satztreppen. Setze an jedem Satzende einen Punkt.

Lea träumt	oft	vom Urlaub	am Meer

Lea träumt.

Lea träumt oft.

Imo schläft	immer	im Korb	an der Tür

8 Fragesätze kennen lernen

> Ein Satz, mit dem man etwas fragt, heißt **Fragesatz.**
> Danach steht ein **Fragezeichen:**
> Wie alt sind Sie? Wo wohnst du?

1 Lea stellt ihrer Lehrerin Fragen für die Schülerzeitung.
Trage bei den Antworten die passenden Zahlen ein.

| 1 | Wie alt sind Sie?

| ☐ | Ja, ich habe zwei Söhne.

| 2 | Wo wohnen Sie?

| 1 | Ich bin 45 Jahre alt.

| 3 | Haben Sie Kinder?

| ☐ | Ich wohne in einem alten Bauernhaus.

| 4 | Was machen Sie in Ihrer Freizeit am liebsten?

| ☐ | Meine Ferien verbringe ich gerne am Meer.

| 5 | Wohin fahren Sie in den Urlaub?

| ☐ | Am liebsten gehe ich tanzen oder treibe Sport.

1 Setze am Satzende einen Punkt oder ein Fragezeichen ein.

In welcher Jahreszeit kann man Schlitten fahren **?**

Was ist Schnee ☐

Schnee ist Wasser, das zu Eiskristallen gefroren ist ☐

Kommt bei einem Gewitter zuerst der Donner oder der Blitz ☐

Woraus besteht Nebel ☐

Im Winter kann man Schlitten fahren ☐

Zuerst blitzt es, dann folgt der Donner ☐

Woher kommen Wärme und Licht auf der Erde ☐

Wann entsteht ein Regenbogen ☐

Ein Regenbogen entsteht, wenn es regnet und gleichzeitig die Sonne scheint ☐

Die Strahlen der Sonne erwärmen und erhellen die Erde ☐

Nebel besteht aus winzigen Wassertropfen, die in der Luft schweben ☐

8 Fragesätze bilden

1 Schreibe die Fragen der Kinder beim Zoobesuch auf.
Sie wollen wissen:

– warum Elefanten keine Haare haben
– ob man auf den Elefanten reiten kann
– wie alt Elefanten werden
– wie schwer ein Elefant ist
– ob Elefanten gerne baden
– ob Elefanten gefährlich sind
– was Elefanten fressen
– wo Elefanten leben

Warum haben Elefanten keine Haare?

Wie komme ich wieder herunter?

8 Ausrufesätze kennen lernen

> In einem **Ausrufesatz** wird etwas ausgerufen.
> Danach steht ein **Ausrufezeichen:**
>
> Achtung, ein Radfahrer! Hurra, endlich Ferien!

1 Ordne den Bildern die passenden Aufforderungen zu.

Hurra, endlich Ferien!	Mmh, schmeckt das lecker!
Achtung, ein Radfahrer!	Kommt, wir kaufen Eis!
Gute Reise, Frau Riedel!	Toll, keine Hausaufgaben!

Hurra, endlich Ferien!

8 Ausrufesätze bilden

1 Schreibe passende Ausrufesätze zu den Bildern.

| Handys | Schuhe | Roller | Wasser | Eis | Feuer |

| fahren | tragen | trinken | essen | anzünden | benutzen |

Handys benutzen verboten!

Lola ärgern ist auch verboten!

2 Male und schreibe selber Verbote.

1 Trage Punkte, Ausrufezeichen oder Fragezeichen ein.

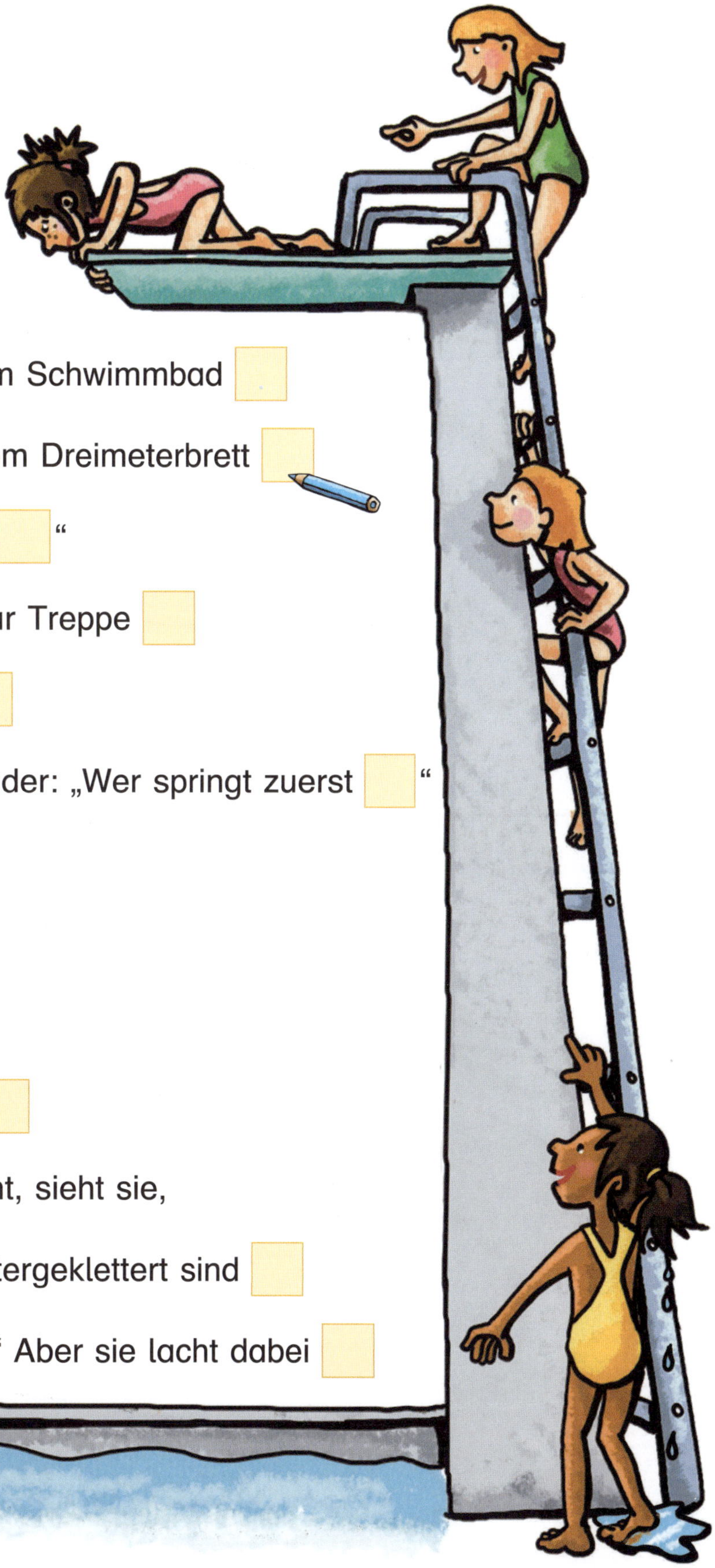

Lea ist mit ihren Freundinnen im Schwimmbad ☐

Anne ruft: „Los, wir springen vom Dreimeterbrett ☐

Bist du schon mal gesprungen ☐ "

Lea zittert und läuft langsam zur Treppe ☐

Sie klettert als Letzte hinauf ☐

Alle rufen aufgeregt durcheinander: „Wer springt zuerst ☐ "

„Lea, hast du etwa Angst ☐ "

„Du bist ein Feigling ☐ "

„Los, spring schon ☐ "

Leas Herz klopft wie verrückt ☐

Sie springt ☐ Als sie auftaucht, sieht sie,

dass die anderen wieder heruntergeklettert sind ☐

Sie ruft: „Selber Feiglinge ☐ ." Aber sie lacht dabei ☐

9 Wörterschlangen ergänzen

1 Schreibe die Wörterschlangen weiter. Achte auf die Wortart.

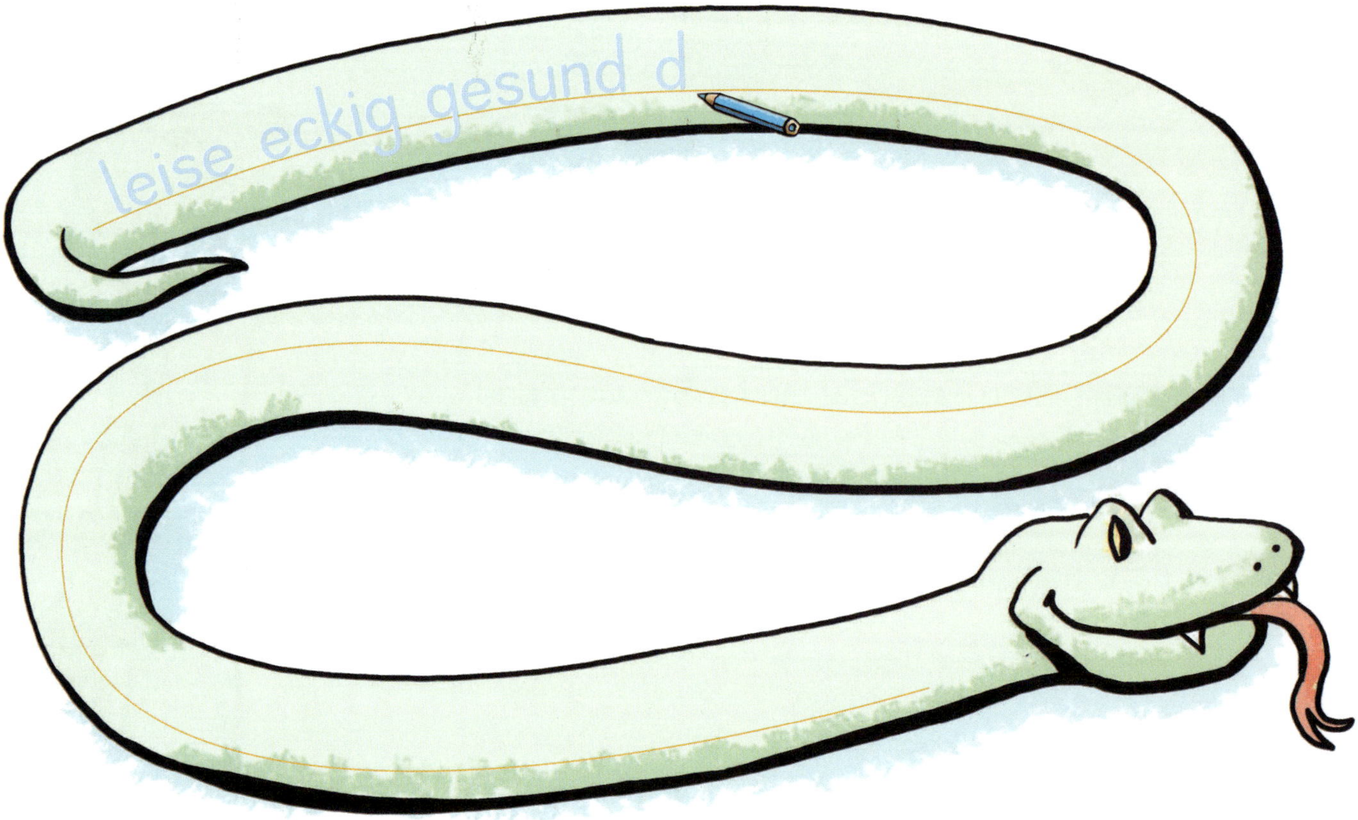

leise eckig gesund d

Haus Sonne Esel L

9 Nomentreppen fortsetzen

1 Setze die Nomentreppen fort.

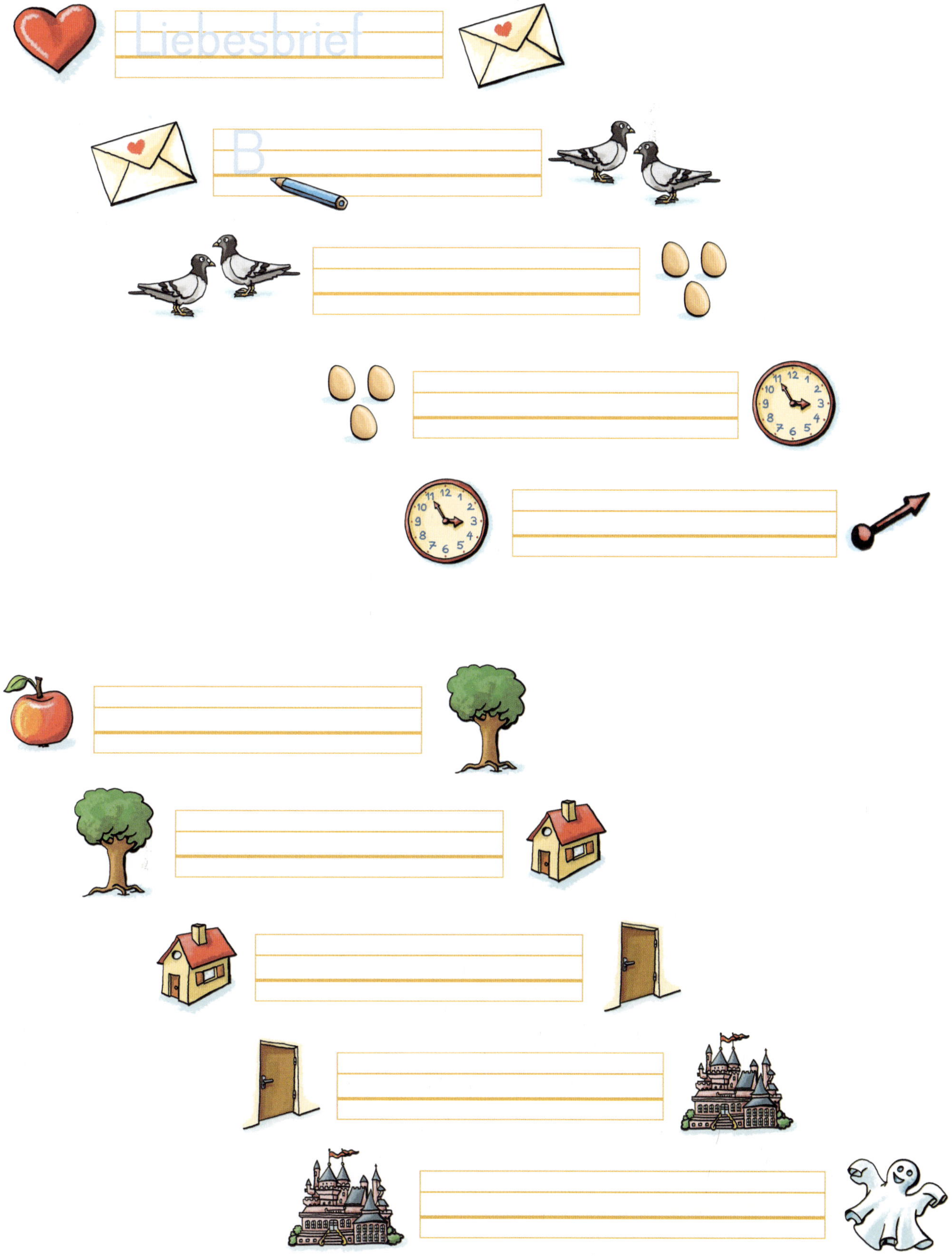

Liebesbrief

B

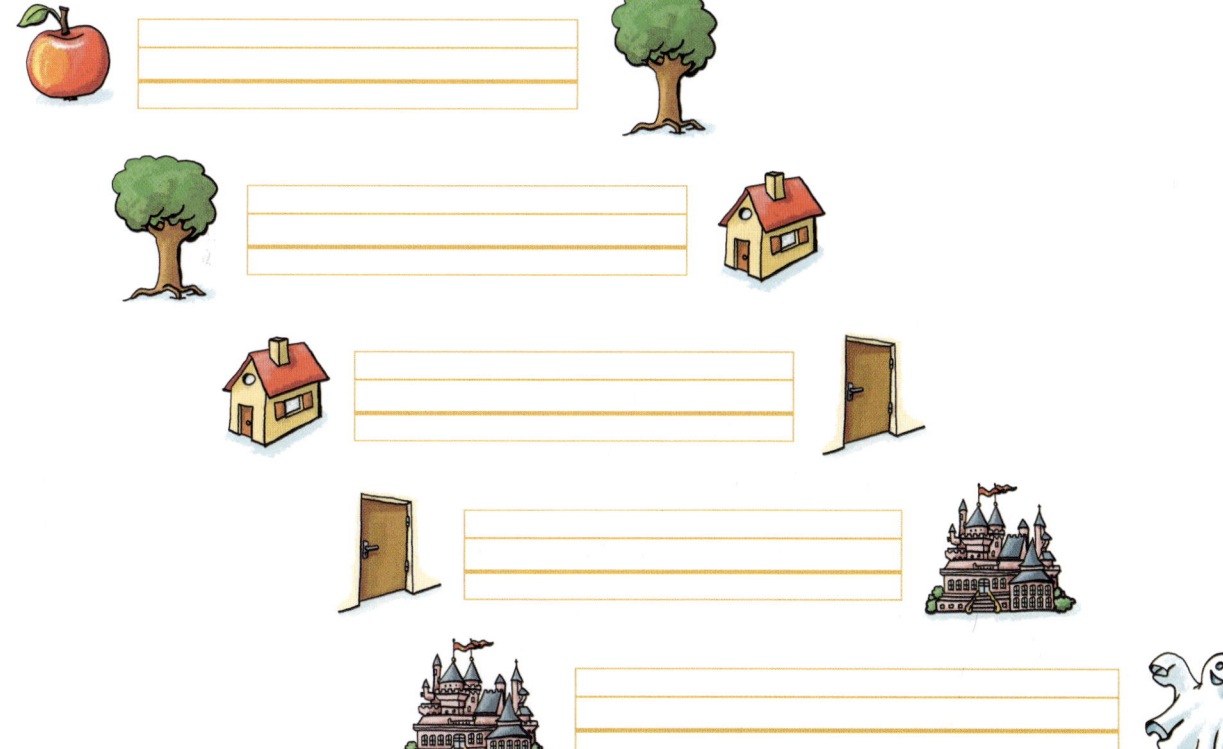

9 Einen Zungenbrecher erfinden

1 Lege einen Anfangsbuchstaben fest. Sammle Wörter.
Schreibe einen Zungenbrecher und stelle ihn um.

W	w

Nomen: Willi, Wiesel, Wäsche, Wind
Verben: waschen, wischen, winken, wollen
Adjektive: weiß, wunderbar, wach, wuselig

Zungenbrecher: Wiesel Willi wäscht wunderbar weiße Wäsche.

Nomen:

Verben:

Adjektive:

Zungenbrecher:

Teekesselwörter kennen lernen

1 Teekesselwörter haben unterschiedliche Bedeutungen.
Finde zu jedem Wort die beiden Bilder.
Male sie in der passenden Farbe aus.

| Hahn |
| Schloss |
| Löwenzahn |
| Blatt |

2 Zeichne zu jedem Wortkärtchen zwei Bilder.

Maus	Boxer

9 Ein Kreuzworträtsel lösen

1 Löse das Kreuzworträtsel.
Schreibe die Wörter in Großbuchstaben.

Schreibe von oben nach unten:

1 Es hat vier Räder.

4 Sie hat einen Henkel und man trinkt daraus.

5 Kinder essen sie gerne mit Tomatensoße.

6 Es ist rosa und quiekt.

8 Er hat einen Stamm, Äste und Blätter.

Schreibe von links nach rechts:

2 Du liest darin.

3 Nachts schläfst du darin.

5 Sie scheint vom Himmel.

7 Er ist süß und wird aus Teig gebacken.

9 Das Gegenteil von lustig.

9 Geheimschriften entschlüsseln

1 Entziffere die Geheimschriften.

> D B S E N C L U R U H
> U I T I S H A E F C S !

Lösung:

D

Das bin ich.

L L

O A

> !etieS etztel eid tsi seiD

Lösung:

A	B	C	D	E	F	G	H	I	J	K	L	M
1	2	3	4	5	6	7	8	9	10	11	12	13

N	O	P	Q	R	S	T	U	V	W	X	Y	Z
14	15	16	17	18	19	20	21	22	23	24	25	26

> 4 21   8 1 19 20   5 19
> 7 5 19 3 8 1 6 6 20 !

Lösung:

Einsterns 2 Schwester

Arbeitsheft 1

Sprache untersuchen

Herausgegeben und erarbeitet von:	Roland Bauer, Jutta Maurach
Redaktion:	Elisabeth Wagner
Illustration:	Yo Rühmer
Umschlaggestaltung:	Sandra Knopke
Layout und technische Umsetzung:	Katrin Tengler

www.cornelsen.de

1. Auflage, 20. Druck 2019

Alle Drucke dieser Auflage sind inhaltlich unverändert
und können im Unterricht nebeneinander verwendet werden.

© 2009 Cornelsen Verlag, Berlin
© 2017 Cornelsen Verlag GmbH, Berlin

ISBN 978-3-06-082233-1

Dieses Heft ist Bestandteil der Lernbox „Einsterns Schwester 2" (ISBN 978-3-06-082222-5) und kann auch einzeln bestellt werden.

 Inhalt gedruckt auf säurefreiem Papier aus nachhaltiger Forstwirtschaft.